Álbum del Bebé

Este álbum pertenece a:

_____

TODOLIBRO

Foto con mi madre

Foto con mi padre

Mi primera foto

Me llamo _____

Nací el _____ a las _____ horas

en la Clínica _____.

Me ayudó a nacer el doctor _____.

Pesé _____ kilos y medí _____ centímetros.

Signos particulares _____

Creen que me parezco a ....
....
....
....

Mis ojos son de color ....
como los de ....
y mi pelo es ....
como el de ....

Mi signo zodiacal es ....
....
y por eso creen que seré ....
....
....
....
....

Mi mamá se llama

....

....

y es ....

....

....

Mamá y yo

Papá y yo

Mi papá se llama

....

....

y es ....

....

....

Una historia feliz

Mis padres se conocieron ....
....
....
....
....
....
....

En esta foto se les ve muy enamorados.

Mis papás, en su fiesta

Decidieron vivir juntos y por eso ....
....
....
....
....
....
....

La gran noticia

Cuando mis padres se enteraron de que yo venía ....

....

....

....

....

Una foto de papá y mamá

Más fotos de papá y mamá

Fotos de mis padres cuando me estaban esperando.

Aquí está mi madre embarazada de _____ meses.

....
....
....
....
....
....

Mis padres guardaron mis ecografías.

Pega aquí la ecografía.

Pega aquí la ecografía.

Así era yo cuando estaba en la tripita de mi mamá con .... meses.

Pega aquí la ecografía.

Así era yo cuando estaba en la tripita de mi mamá con .... meses.

Pega aquí la ecografía.

Así era yo cuando estaba en la tripita de mi mamá con .... meses.

MI NOMBRE

Mi nombre es

Y significa ....

....

....

La idea de llamarme así fue por ....

....

....

....

 **Otros nombres que pensaron ponerme**

....

Cariñosamente, me llaman

.... , ... y ....

Cuando hablan de mí dicen ....

....

....

....

....

....

MI FAMILIA

....

....

....

....

Foto de mi familia

Árbol genealógico

Pega las fotos en el árbol.

IMÁGENES INOLVIDABLES

Mi primera sonrisa ....
....
....
....

Mi primer baño fue
....
....
....
....
....
....

Foto de mi primer baño

Mis primeras palabras fueron ....
....
....
....

Foto gateando

Foto de mis primeros pasos

Empecé a gatear a los
....

Di mis primeros pasos a los ....
....
....

Mi primer diente me salió el ....

y ....

....

Foto de mi sonrisa con dientes

Mis dientes de leche

La huella de mi mano

La huella de mi pie

UN DÍA ESPECIAL

Mis papás han decidido educarme según la fe ....
y por eso celebraron un ....
el día .... a las .... horas.
Me vistieron con ....

Así estaba yo de elegante.

Me acompañaron ....

....

Y me desearon ....

....

Me regalaron ....

....

....

....

Aquí estamos en la fiesta.

¡A COMER!

Tomé leche de mi mamá hasta ....
....

A los .... meses empecé a comer
....
....
....

Mi primera
comida sólida fue
....

y puse cara de
....
....

Foto de la primera comida

Me gusta mucho

....

....

....

....

....

Foto comiendo
lo que me gusta.

No me gusta

....

....

....

....

....

Foto comiendo
lo que no me gusta.

MIS GUSTOS

Lo que más me gusta en la cuna ....
....

El sonido que me encanta es ....
La canción que más me gusta es ....
....

Mi comida favorita es ....
....

Mi posición preferida para dormir es ....
....

Me gusta dormir con ....
....

Cuando gateo voy a buscar ....
Mis juguetes preferidos son ....
....
....

Mi foto favorita

Me la hicieron cuando...

....
....
....
....
....
....

PRIMERAS FIESTAS

Mi primera Nochebuena

....
....
....
....
....

Mi primera fiesta de Reyes

....
....
....
....
....

Foto de una Navidad

La compartimos con...

....
....
....

El año 20......... lo despedimos en ....
En Nochevieja estuvimos
....
....
....
....

Foto de la fiesta

Foto de la fiesta

Otras fiestas importantes para mi familia:
....
....
....
....
....

Mi 1er MES

Peso ....
Altura ....
Horas de sueño ....
....
Alimentación ....
Salud ....
Novedades ....
....

Foto

Aquí estoy ....

DÍA 1 Fecha	DÍA 2 Fecha	DÍA 3 Fecha	DÍA 4 Fecha	DÍA 5 Fecha	DÍA 6 Fecha
DÍA 7 Fecha	DÍA 8 Fecha	DÍA 9 Fecha	DÍA 10 Fecha	DÍA 11 Fecha	DÍA 12 Fecha	DÍA 13 Fecha
DÍA 14 Fecha	DÍA 15 Fecha	DÍA 16 Fecha	DÍA 17 Fecha	DÍA 18 Fecha	DÍA 19 Fecha	DÍA 20 Fecha
DÍA 21 Fecha	DÍA 22 Fecha	DÍA 23 Fecha	DÍA 24 Fecha	DÍA 25 Fecha	DÍA 26 Fecha
DÍA 27 Fecha	DÍA 28 Fecha	DÍA 29 Fecha	DÍA 30 Fecha	DÍA 31 Fecha		

Mi 2º Mes

DÍA 1	DÍA 2	DÍA 3	DÍA 4	DÍA 5		DÍA 6
Fecha	Fecha	Fecha	Fecha	Fecha		Fecha
DÍA 7	DÍA 8	DÍA 9	DÍA 10	DÍA 11	DÍA 12	DÍA 13
Fecha	Fecha	Fecha	Fecha	Fecha	Fecha	Fecha
DÍA 14		DÍA 15	DÍA 16	DÍA 17	DÍA 18	DÍA 19
Fecha		Fecha	Fecha	Fecha	Fecha	Fecha
DÍA 20	DÍA 21	DÍA 22	DÍA 23	DÍA 24	DÍA 25	DÍA 26
Fecha	Fecha	Fecha	Fecha	Fecha	Fecha	Fecha
DÍA 27	DÍA 28	DÍA 29			DÍA 30	DÍA 31
Fecha	Fecha	Fecha			Fecha	Fecha

Peso

Altura

Me llama la atención

Foto

Mis ojos

Sonrío con

Novedades

Aquí estoy

Mi 3er MES

DÍA 1 Fecha	DÍA 2 Fecha	DÍA 3 Fecha	DÍA 4 Fecha	DÍA 5 Fecha	DÍA 6 Fecha	DÍA 7 Fecha
	DÍA 8 Fecha	DÍA 9 Fecha	DÍA 10 Fecha	DÍA 11 Fecha	DÍA 12 Fecha	DÍA 13 Fecha
DÍA 14 Fecha	DÍA 15 Fecha	DÍA 16 Fecha	DÍA 17 Fecha	DÍA 18 Fecha		
DÍA 19 Fecha		DÍA 20 Fecha	DÍA 21 Fecha	DÍA 22 Fecha	DÍA 23 Fecha	DÍA 24 Fecha
DÍA 25 Fecha	DÍA 26 Fecha	DÍA 27 Fecha	DÍA 28 Fecha	DÍA 29 Fecha	DÍA 30 Fecha	DÍA 31 Fecha

Peso ....

Altura ....

Reconozco a ....
....

Juego con ....

Descubro ....

Novedades ....

....

Aquí estoy ....

Foto

Mi 4º MES

DÍA 1 Fecha	DÍA 2 Fecha		DÍA 3 Fecha	DÍA 4 Fecha	DÍA 5 Fecha	DÍA 6 Fecha
DÍA 7 Fecha	DÍA 8 Fecha	DÍA 9 Fecha	DÍA 10 Fecha	DÍA 11 Fecha	DÍA 12 Fecha	DÍA 13 Fecha
DÍA 14 Fecha	DÍA 15 Fecha	DÍA 16 Fecha	DÍA 17 Fecha		DÍA 18 Fecha	DÍA 19 Fecha
DÍA 20 Fecha	DÍA 21 Fecha	DÍA 22 Fecha	DÍA 23 Fecha	DÍA 24 Fecha	DÍA 25 Fecha	DÍA 26 Fecha
DÍA 27 Fecha			DÍA 28 Fecha	DÍA 29 Fecha	DÍA 30 Fecha	DÍA 31 Fecha

Peso ....

Altura ....

Reconozco a ....

....

Juego con ....

Descubro ....

Novedades ....

....

Foto

Aquí estoy ....

Mi 5º MES

	DÍA 1 Fecha	DÍA 2 Fecha	DÍA 3 Fecha	DÍA 4 Fecha	DÍA 5 Fecha	DÍA 6 Fecha
DÍA 7 Fecha	DÍA 8 Fecha	DÍA 9 Fecha	DÍA 10 Fecha	DÍA 11 Fecha	DÍA 12 Fecha	DÍA 13 Fecha
DÍA 14 Fecha	DÍA 15 Fecha	DÍA 16 Fecha		DÍA 17 Fecha	DÍA 18 Fecha	DÍA 19 Fecha
DÍA 20 Fecha	DÍA 21 Fecha	DÍA 22 Fecha	DÍA 23 Fecha	DÍA 24 Fecha	DÍA 25 Fecha	DÍA 26 Fecha
DÍA 27 Fecha	DÍA 28 Fecha	DÍA 29 Fecha	DÍA 30 Fecha			DÍA 31 Fecha

Peso

Altura

Reconozco a

Juego con

Descubro

Novedades

Foto

Aquí estoy

Mi 6º MES

Peso ....

Altura ....

Me encanta salir a ....
....

Foto

Alimentación ....

Me hace reír ....

Novedades ....
....
....

Aquí estoy ....

DÍA 1	DÍA 2		DÍA 3	DÍA 4	DÍA 5	DÍA 6
Fecha	Fecha		Fecha	Fecha	Fecha	Fecha
DÍA 7	DÍA 8	DÍA 9	DÍA 10	DÍA 11	DÍA 12	DÍA 13
Fecha	Fecha	Fecha	Fecha	Fecha	Fecha	Fecha
DÍA 14	DÍA 15	DÍA 16	DÍA 17	DÍA 18	DÍA 19	
Fecha	Fecha	Fecha	Fecha	Fecha	Fecha	
DÍA 20	DÍA 21	DÍA 22	DÍA 23	DÍA 24	DÍA 25	DÍA 26
Fecha	Fecha	Fecha	Fecha	Fecha	Fecha	Fecha
		DÍA 27	DÍA 28	DÍA 29	DÍA 30	DÍA 31
		Fecha	Fecha	Fecha	Fecha	Fecha

Mi 7º Mes

DÍA 1 Fecha		DÍA 2 Fecha	DÍA 3 Fecha	DÍA 4 Fecha	DÍA 5 Fecha
DÍA 6 Fecha	DÍA 7 Fecha	DÍA 8 Fecha	DÍA 9 Fecha	DÍA 10 Fecha	DÍA 11 Fecha	DÍA 12 Fecha
DÍA 13 Fecha		DÍA 14 Fecha	DÍA 15 Fecha	DÍA 16 Fecha	DÍA 17 Fecha	DÍA 18 Fecha
DÍA 19 Fecha	DÍA 20 Fecha	DÍA 21 Fecha	DÍA 22 Fecha	DÍA 23 Fecha	DÍA 24 Fecha	DÍA 25 Fecha
DÍA 26 Fecha	DÍA 27 Fecha	DÍA 28 Fecha	DÍA 29 Fecha	DÍA 30 Fecha	DÍA 31 Fecha	

Peso

Altura

No me gusta

Duermo

Mi personalidad

Novedades

Foto

Aquí estoy

Mi 8º MES

DÍA 1 Fecha	DÍA 2 Fecha	DÍA 3 Fecha	DÍA 4 Fecha	DÍA 5 Fecha	DÍA 6 Fecha	
DÍA 7 Fecha	DÍA 8 Fecha	DÍA 9 Fecha	DÍA 10 Fecha	DÍA 11 Fecha	DÍA 12 Fecha	DÍA 13 Fecha
DÍA 14 Fecha	DÍA 15 Fecha	DÍA 16 Fecha	DÍA 17 Fecha	DÍA 18 Fecha	DÍA 19 Fecha	DÍA 20 Fecha
DÍA 21 Fecha	DÍA 22 Fecha	DÍA 23 Fecha			DÍA 24 Fecha	DÍA 25 Fecha
	DÍA 26 Fecha	DÍA 27 Fecha	DÍA 28 Fecha	DÍA 29 Fecha	DÍA 30 Fecha	DÍA 31 Fecha

Peso

Altura

No me gusta

Duermo

Mi personalidad

Novedades

Foto

Aquí estoy

Mi 9º MES

Peso ....
Altura ....
Intento ....
....
Pongo caras ....
Me concentro ....
Novedades ....
....

Foto

.... Aquí estoy ....

DÍA 1	DÍA 2	DÍA 3	DÍA 4	DÍA 5	DÍA 6	DÍA 7
Fecha	Fecha	Fecha	Fecha	Fecha	Fecha	Fecha
	DÍA 8	DÍA 9	DÍA 10	DÍA 11	DÍA 12	DÍA 13
	Fecha	Fecha	Fecha	Fecha	Fecha	Fecha
DÍA 14	DÍA 15	DÍA 16	DÍA 17	DÍA 18		
Fecha	Fecha	Fecha	Fecha	Fecha		
DÍA 19	DÍA 20	DÍA 21	DÍA 22	DÍA 23	DÍA 24	DÍA 25
Fecha	Fecha	Fecha	Fecha	Fecha	Fecha	Fecha
DÍA 26	DÍA 27	DÍA 28		DÍA 29	DÍA 30	DÍA 31
Fecha	Fecha	Fecha		Fecha	Fecha	Fecha

Mi 10º MES

Peso ....

Altura ....

Intento ....

....

Pongo caras ....

Me concentro ....

Novedades ....

....

Foto

Aquí estoy ....

DÍA 1	DÍA 2	DÍA 3	DÍA 4	DÍA 5	DÍA 6
Fecha	Fecha	Fecha	Fecha	Fecha	Fecha
DÍA 7	DÍA 8	DÍA 9	DÍA 10	DÍA 11	DÍA 12	DÍA 13
Fecha	Fecha	Fecha	Fecha	Fecha	Fecha	Fecha
	DÍA 14	DÍA 15	DÍA 16	DÍA 17	DÍA 18	DÍA 19
	Fecha	Fecha	Fecha	Fecha	Fecha	Fecha
DÍA 20	DÍA 21	DÍA 22	DÍA 23	DÍA 24	DÍA 25	DÍA 26
Fecha	Fecha	Fecha	Fecha	Fecha	Fecha	Fecha
DÍA 27	DÍA 28	DÍA 29	DÍA 30			DÍA 31
Fecha	Fecha	Fecha	Fecha			Fecha

Mi 11º MES

Peso ....

Altura ....

Digo ....

....

Mi comida ....

Juego con ....

Novedades ....

....

Foto

Aquí estoy ....

DÍA 1	DÍA 2	DÍA 3	DÍA 4	DÍA 5	DÍA 6
Fecha	Fecha	Fecha	Fecha	Fecha	Fecha
DÍA 7	DÍA 8	DÍA 9	DÍA 10	DÍA 11	DÍA 12	DÍA 13
Fecha	Fecha	Fecha	Fecha	Fecha	Fecha	Fecha
DÍA 14	DÍA 15	DÍA 16	DÍA 17	DÍA 18	DÍA 19	DÍA 20
Fecha	Fecha	Fecha	Fecha	Fecha	Fecha	Fecha
		DÍA 21	DÍA 22	DÍA 23	DÍA 24	DÍA 25
		Fecha	Fecha	Fecha	Fecha	Fecha
DÍA 26	DÍA 27	DÍA 28	DÍA 29	DÍA 30	DÍA 31	
Fecha	Fecha	Fecha	Fecha	Fecha	Fecha	

Mi 12º MES

DÍA 1 Fecha	DÍA 2 Fecha	DÍA 3 Fecha	DÍA 4 Fecha	DÍA 5 Fecha	DÍA 6 Fecha
DÍA 7 Fecha	DÍA 8 Fecha	DÍA 9 Fecha	DÍA 10 Fecha	DÍA 11 Fecha	DÍA 12 Fecha	DÍA 13 Fecha
DÍA 14 Fecha	DÍA 15 Fecha	DÍA 16 Fecha	DÍA 17 Fecha	DÍA 18 Fecha	DÍA 19 Fecha
DÍA 20 Fecha	DÍA 21 Fecha	DÍA 22 Fecha	DÍA 23 Fecha	DÍA 24 Fecha	DÍA 25 Fecha	DÍA 26 Fecha
DÍA 27 Fecha	DÍA 28 Fecha			DÍA 29 Fecha	DÍA 30 Fecha	DÍA 31 Fecha

Peso

Altura

Ya puedo

Cada noche

Disfruto

Novedades

Foto

Aquí estoy

¡Mi primer cumpleaños!

Cumplí mi primer año el ....

Soplé mi velita y ....

....

Lo celebramos en ....

Mis invitados fueron ....

....

Foto de mi cumpleaños

La tarta fue de

Nos divertimos con

Me cantaron

Yo hice

En mi día me regalaron

Feliz, feliz en tu día...
¡Y que cumplas muchos más!